BEI GRIN MACHT SICH IHR
WISSEN BEZAHLT

- Wir veröffentlichen Ihre Hausarbeit,
  Bachelor- und Masterarbeit

- Ihr eigenes eBook und Buch -
  weltweit in allen wichtigen Shops

- Verdienen Sie an jedem Verkauf

**Jetzt bei www.GRIN.com hochladen
und kostenlos publizieren**

Özlem Aydin

Das Bild im Unterricht: Bilder im Sprachkurs Deutsch 2

GRIN Verlag

Bibliografische Information der Deutschen Nationalbibliothek:

Die Deutsche Bibliothek verzeichnet diese Publikation in der Deutschen National-
bibliografie; detaillierte bibliografische Daten sind im Internet über http://dnb.d-
nb.de/ abrufbar.

Impressum:

Copyright © 2003 GRIN Verlag GmbH
Druck und Bindung: Books on Demand GmbH, Norderstedt Germany
ISBN: 978-3-640-37932-3

Dieses Buch bei GRIN:

http://www.grin.com/de/e-book/40488/das-bild-im-unterricht-bilder-im-sprachkurs-
deutsch-2

GRIN - Your knowledge has value

Der GRIN Verlag publiziert seit 1998 wissenschaftliche Arbeiten von Studenten, Hochschullehrern und anderen Akademikern als eBook und gedrucktes Buch. Die Verlagswebsite www.grin.com ist die ideale Plattform zur Veröffentlichung von Hausarbeiten, Abschlussarbeiten, wissenschaftlichen Aufsätzen, Dissertationen und Fachbüchern.

Besuchen Sie uns im Internet:

http://www.grin.com/

http://www.facebook.com/grincom

http://www.twitter.com/grin_com

03. Dezember 2003

FU - Berlin
Wintersemester 2003/04
Fachbereich Philosophie und Geisteswissenschaften:
Fächergruppe Deutsche Philologie
Studiengebiet Deutsch als Fremdsprache
Seminar: PS 16 856 – Methodik und Didaktik

Das Bild im Unterricht:

Bilder im Lehrbuch Sprachkurs Deutsch 2

Özlem Aydin

8. Semester
Deutsch, Grundschulpädagogik

"

"

"

INHALTSVERZEICHNIS

Das Bild im Unterricht: Bilder im Lehrbuch Sprachkurs Deutsch 2

1. Einleitung

Das Referat hatte das Thema „Bilder im Unterricht" zum Inhalt und konzentrierte sich auf den Schwerpunkt Bilder im Lehrbuch Sprachkurs Deutsch 2. Die Hausarbeit bezieht neben der Darstellung der Bilder im Lehrbuch sowohl den Text „Bild im Unterricht" von Dietrich Sturm, als auch den Text „Nachdenken über Bilder" von Ulrich Häussermann mit ein. Beide Texte haben das Bild im Unterricht zum Thema. Welche Arten von Bildern werden im Lehrbuch verwendet? Welchen didaktischen Zweck haben diese Bilder und welche Probleme können bei der Arbeit mit diesen Bildern im Unterricht entstehen? In der Hausarbeit wird der Referatsinhalt vertieft. Es geht hierbei um folgende weitere Fragen: Welche Gedanken hat sich der Lehrbuchautor Ulrich Häussermann gemacht, als er mit anderen Autoren das Lehrbuch Sprachkurs Deutsch erstellt hat, welche Bedeutung hat er dabei den Bildern zugewiesen? Welche weiteren „Bildtypologien" gibt es nach Dietrich Sturm?

2. Das Bild im Unterricht: „Bildtypologien"[1]

Der didaktische Zweck des Bildes in Lehrbüchern ist ein wichtiger Aspekt. Bevor der Lehrer ein Bild im Unterricht einsetzen möchte, sollte ihm der Übungszweck bewusst und einleuchtend sein. Welches Ziel bezweckt er mit dem Einsatz dieses Bildes im Unterricht? Um diese Frage beantworten zu können, muss der Lehrer wissen, welches Bild welchen Zweck realisieren kann? Bilder können nach verschiedenen Aspekten klassifiziert werden, man spricht hier dann von einer Bildtypologie. Dietrich Sturm stellt einige solcher Kategorien vor, die auf dem Bezug zwischen Bild und Text beruhen.

2.1 Das Bild zur Semantisierung

In diesem Fall werden Bilder für die Darstellung von Textinhalten verwendet. Text und Bild können bzw. müssen nicht völlig identisch sein. Sie geben lediglich zwei Möglichkeiten wieder, unsere „Umwelt zu erfassen und (aus schnittweise) darzustellen."[2] Die visuelle Darstellung kann sich dabei entweder auf nur ein Wort beziehen, oder auf einen Textabschnitt. Die Visualisierung soll dem Lerner den textlichen Sachverhalt oder das Wort verständlicher machen und das Vorstellungsvermögen des Lerners unterstützen.

---

[1] Dietrich Sturm: Das Bild im Unterricht. S. 7.

[2] Ebd. S. 8.

2.2 Das Bild zur Visualisierung von sprachlichen Strukturen

Bilder können nicht nur Geschehnisse oder Personen darstellen, sondern auch sprachliche Strukturen wie grammatische Regeln. Aber nicht jede sprachliche Struktur ist graphisch darstellbar. Die grammatischen Regeln sind für den Lerner auf diese Weise einleuchtender und einprägsamer, da der Lerner eine bildliche Vorstellung des (z. T. auch abstrakten) Sachverhaltes vor sich hat.

2.3 Das Bild als Impuls zur Texterstellung

Dieser Aspekt meint die Nutzung des Bildes als Anregung zum Schreiben von Texten. Die Textproduktion kann vom Bild ausgehen und Rollenspiele, Dialoge oder Geschichten als Resultate haben. Die Textproduktion kann aber auch das Bild selbst zum Gegenstand haben, so dass folglich Bildbeschreibungen oder Bildvergleiche entstehen können.

2.4 Das Bild zur Verdeutlichung von Lernverfahren

In vielen Lehrbüchern werden den Lernern durch sich wiederholende Symbole Orientierungshilfen gegeben, z. B. einen Stift als Symbol zum Schreiben. Auf diese Weise wird verdeutlicht, welche Medien im Unterricht einsetzbar sind oder welche Übungsformen im Unterricht vorgesehen sind. Weiterhin sind so genannte „Unterrichtsbegleiter"[3] wie Comic- Figuren in den Lehrbüchern zu finden, die das Text- und Bildgeschehen kommentieren, Anleitungen und Hinweise geben, Meinungsäußerungen provozieren etc. Diese Unterrichtsbegleiter übernehmen eine Vermittlerrolle zwischen Lerner und Lehrbuch.

2.5 Das Bild als Produkt des Verstehensprozesses

Im Fremdsprachenunterricht werden Bilder zumeist als Anregung eingesetzt, während die Sprache bzw. der Text als Produkt des Unterrichtes gesehen wird. Gelegentlich liegt aber auch der umgekehrte Fall vor, so z. B. bei der Verstehenskontrolle, wenn beispielsweise ein Gegenstand auf komplizierte Art und Weise wörtlich beschrieben wird. In diesem Fall zeichnet der Lerner die einzelnen Gedanken oder Informationen, die er dem Text entnommen hat auf. Auf diese Weise hat er eine Verstehenskontrolle durchgeführt, indem er das zuvor Gelesene oder Geschriebene in visueller Form wiederholt und gezeigt hat, ob er den Text verstanden hat, oder nicht.

---

[3] Dietrich Sturm: Das Bild im Unterricht. S. 9.

2.6 Das Bild zur Leistungsmessung

Bilder eignen sich auch zur Messung oder Ermittlung der Leistung, d. h. für Lerntests. Für die Auswahl der Bilder zur Leistungsmessung ist die „Objektivierbarkeit der Resultate"[4] wichtig. Damit ist Folgendes gemeint: Da die Individuen unterschiedliche Erfahrungen und Kenntnisse haben, werden sie Bildinhalte auch anders deuten oder unterschiedliche Begriffe verwenden. Diese Antworten der Lerner –so anders sie auch sein mögen- dürfen nicht als `unangemessen oder falsch` beurteilt werden, sondern müssen akzeptiert werden. Der Lehrende muss den Äußerungen der Lerner gegenüber objektiv bleiben.

2.7 Das Bild zur Organisation von Text

Bilder können auch Texte oder Wörter ersetzen. Zur Vorentlastung von Texten bildet das Bild eine „Klärung des situativen, außersprachlichen Umfeldes oder eine Darstellung wichtiger inhaltlicher Details."[5] So kann das Abbild eines Bleistiftes ausreichend sein, um auszusagen, dass der Lerner etwas schreiben oder ausfüllen soll.

2.8 Das Bild als Textdekoration

Bilder erscheinen in den Lehrbüchern lediglich auch nur als Textdekoration. Sie dienen dem Lernprozess in dem Sinne, dass sie den Lerner mehr oder weniger motivieren sollen. Sicherlich gibt es Bilder oder Symbole, die den Lerner für eine kurze Zeit motivieren oder ihre Aufmerksamkeit gewinnen können. Aber inwiefern sind diese Bilder für den weiteren Verlauf des Lernprozesses wichtig? Entstehen Verstehensschwierigkeiten im Bezug auf den Text, so können diese Bilder dem Lerner auch nicht weiterhelfen, da sie ja größtenteils keinen direkten Bezug zum Textinhalt herstellen. Sie sind somit zwar für den Lernprozess wirkungslos, sie bieten dem Lerner aber vielleicht eine Erholungspause.

3. Nachdenken über Bilder

In diesem Artikel aus der Zeitschrift „Fremdsprache Deutsch" werden die Gedanken des Lehrbuchautors Ulrich Häussermann vorgestellt. Ulrich Häussermann ist neben anderen Autoren der Verfasser des Lehrwerks „Sprachkurs Deutsch". Nach Ulrich Häussermann sind schöne, interessante und rätselhafte Bilder das „Fenster der Freude."[6] Diese Fenster lassen sich beim Benutzen von den Lernenden öffnen. Was sieht denn der Lernende aber durch diese Fenster bzw. was soll er denn sehen? Ein interessantes oder rätselhaftes Bild, das der Autor als solches

---

[4] Ebd.
[5] Dietrich Sturm: Das Bild im Unterricht. S. 9.
[6] Ulrich Häussermann: Nachdenken über Bilder. Gedanken eines Lehrbuchautors. In: Fremdsprache Deutsch 5/!991. S. 18-19.

wahrnimmt, könnte auf den Lernenden eine negative Wirkung haben. Er wird das Bild vielleicht anders deuten und aufnehmen als der Autor erwartet hat. Folglich würde sich das „Fenster der Freude" in ein Fenster des Zweifels, der Ratlosigkeit, des Gefühls der Fremdheit oder sogar in ein Fenster der Angst verwandeln.

Was ist der Zweck von Bildern im Unterricht? Sind Bilder in einem Lehrwerk nur Träger von Informationen im Dienst didaktischer Ziele oder verbergen sich hinter diesen Medien noch andere Fähigkeiten? Mit diesen Fragen beschäftigt sich der Autor dieses Artikels.

Aus welchen Gründen werden also Bücher mit Bildern ausgestattet? Es muss nicht immer ein didaktisches Ziel dahinter stecken. Auch hinter dem ersten Grund, den der Autor nennt, verbirgt sich kein didaktisches Ziel, sondern ein rein `humanes`: Der Autor möchte mit diesen Bildern die Lernenden beschenken. Bilder können Menschen jedoch auch verletzen, insbesondere dann, wenn Bilder eingesetzt werden, die kulturelle, individuelle oder religiöse Tabus brechen können. Dann handelt es sich nicht mehr um ein Geschenk. Häussermann möchte „Lichter, festliche Eindrücke in das Alltägliche hineinbauen, Fenster der Freude, die jeder beim Benutzen selber aufmacht."[7] Der Autor möchte demzufolge das Buch, das größtenteils Text enthält, für den Lerner durch Bilder interessanter und schöner gestalten. Die Bücher sollen auf diese Weise nicht nur optisch etwas bieten können, sondern auch emotional ansprechen, d.h. beispielsweise erfreuen oder aber auch motivieren. Die Motivation ist für das Lernen notwendig, denn erst der Wille und das Interesse bewegen den Menschen zum Handeln. Die Bilder sollen den Lerner anregen und erfreuen. So sprechen beispielsweise klassische Bilder die Gefühle des Lerners in intensiver Weise an, vielleicht weil das Klassische auch in ihrer Heimat einen großen Wert hat und ihnen daher vertraut ist. Der Lerner braucht „Fenster zum Aussteigen aus der Pflichtübung."[8] Bilder, die ihn ansprechen, bieten ihm diese Abwechslung an und befreien ihn von der „Plage" und dem Druck des Lernens und geben ihm Freiraum zum Atmen. Beim Betrachten der Bilder erreicht der Lernende eine andere Ebene, als wenn er lernen muss. Es ist die „Ebene des Denkens,"[9] in der die nachdenklichen und kreativen Gedanken entwickelt werden. Denkt der Lerner denn schon nicht beim Lernen oder Arbeiten nach? Sollen die Bilder nicht als Erholung und als Freiraum dienen? Das Nachdenken zeigt jedoch, dass auch in dieser Ebene vom Lerner Leistung verlangt wird. Diese Ebene des Denkens unterscheidet sich jedoch von der Ebene des Lernens oder Arbeitens. In der Ebene des Denkens verlaufen das Wahrnehmen, das Verstehen und das Festhalten etwas langsamer ab, denn hier besteht scheinbar kein Druck. In dieser Ebene wird dem Lernenden Ruhe und seinen Augen Erholung, Klarheit, Luft und Transparenz geboten. Aus diesem Grund muss die „Ruhe im Lehrbuch unbedingt

---

[7] Ebd.
[8] Ebd. S. 19.
[9] Ebd.

überwiegen".[10] Nicht „Schnappschüsse, vergagte Einstellungen, grellbunte Mosaiken, Collagen und Layout- Späße"[11] sind es, die dem Lerner diese Ruhe bieten können, sondern das Foto, denn diesem ist noch etwas vom Prozeß des Fotografierens anzumerken. Ungeschützte Details in den Bildern werden vom Autor bevorzugt, da sie oft mehr Stimmung und persönliche Wirklichkeit vermitteln, etwas womit sich der Lerner vielleicht eher identifiziert. Häussermann zieht der „glatten Schönheit" die „unfertige Impression" vor, denn letztere bringt mehr subjektive als objektive Informationen. Subjekt und Individuum spielen bei der Auswahl der Bilder scheinbar eine zentrale Rolle. Nicht die Größe des Bildes ist dabei von großer Bedeutung, sondern seine Ausstrahlung und seine Wirkung: „Es muss ein starkes Bild sein."[12] Zumeist handelt es sich dabei um Kunstwerke. Diese Bilder kann man nach Häussermann lesen und in Sprache umsetzten. Aber nicht nur Kunstwerke, sondern auch andere Bilder kann man lesen und anschließend in Sprache umsetzten. Jedes Bild verbirgt eine oder mehrere Bedeutungen in sich, über jedes Bild kann etwas gesagt werden, ob es nun klassisch, schön oder rätselhaft ist, es hat immer eine bestimmte Wirkung auf den Betrachter. Von daher ist jedes Bild lesbar. Der Betrachter hat die Möglichkeit, das Bild zu kritisieren, es zu bewundern, sich damit zu identifizieren oder es einfach zu beschreiben.

Der Betrachter kann sich jedoch nicht den Inhalt jedes Bildes merken. Kunstwerke, wie sie hier zu sehen sind, gehen in der Tat nicht mehr so leicht aus dem Gedächtnis, sowie die Gespräche darüber. Diese Bilder sind eben Bilder für das langsame Verstehen.

4. Bilder im Lehrbuch Sprachkurs Deutsch 2

4. 1 Aufbau/ Inhalt

Ulrich Häussermann gehört neben anderen Autoren zu den Verfassern des Lehrwerks Sprachkurs Deutsch 2, das hier in der 2. Auflage, der Neufassung, vorliegt und 1991 im Diesterweg Verlag erschienen ist. Im Lehrbuch Sprachkurs Deutsch 2 kommen viele Bildgeschichten vor, d. h. Bilder, zu denen Geschichten erzählt sind. Jede dieser Geschichten kann auch auf der Kassette gehört werden. Zu jeder Bildgeschichte gibt es Farbdias, denn im Lehrwerk sind zumeist schwarz- weiße Bilder vorhanden. Die Autoren empfehlen bzw. bitten jedoch darum, diese Dias zu verwenden, da die Kopien im Lehrbuch unscharf sind. Zu dem Band 2 gibt es neben Farbdias und Kassetten, ein Lehrerheft und Glossare für die Sprachen Englisch, Spanisch, Russisch, Rumänisch usw. Ebenfalls enthalten sind ein Verzeichnis der unregelmäßigen Verben sowie ein Grammatik- Register der grammatischen Schwerpunkte der ersten beiden Bänder des Sprachkurs Deutsch.

---

[10] Ebd.
[11] Ebd.
[12] Ebd.

4.2 Bilder im Lehrbuch

Das Lehrbuch ist zweifellos sehr bildreich. Sowohl schwarz- weiße Bilder, als auch farbige Bilder sind in der Neufassung enthalten. Da die Bilder jedoch nur Kopien sind und nicht in ihrer Originalgröße vorliegen, ist nicht jeder Bildinhalt so gut erkennbar, wie auf dem Originalfoto. Die Autoren bieten dem Lerner eine hohe Anzahl von Fotos an, zu denen meistens Geschichten erzählt sind. Dabei handelt es sich einerseits um Bildgeschichten über Orte in Deutschland bzw. im deutschsprachigen Raum z. B. Hamburg, Salzburg, Wien, der Schwarzwald usw., sowie Orte im Ausland wie Ägypten oder St. Petersburg, andererseits handelt es sich um Bildgeschichten über große Persönlichkeiten wie Mozart. Historische Bilder wie das Foto von zerstörten Städten wie Hiroshima oder Dresden begleiten den Lesetext oder die Ereignistafel und führen den Lerner in eine ferne Zeit und Situation. Neben Fotos, die im Lehrbuch überwiegen, sind auch Comic-Zeichnungen, einige Collagen aus Zeitungen sowie Diagramme vorhanden, die in ihrer Anzahl und Intensität den Lerner weniger ansprechen werden, da das Interesse des Lerners und Betrachters wohl den zahlreichen und aussagekräftigeren Fotos gelten wird. Die Fotos sind `realitätsnäher` als die Zeichnungen und tragen mehr dazu bei, die Distanz zwischen Betrachter und Bildinhalt aufzuheben und das zunächst Fremde im Bild zum Vertrauten zu machen. Die Fotos sprechen den Lerner in besonderer Weise an, da er durch sie Deutschland und die Welt kennen lernt.

4.3 Bildtypologien im Lehrbuch Sprachkurs Deutsch 2

Welche der im Lehrbuch vorkommenden Bilder sollen denn nun welchen didaktischen Zweck realisieren? Auf welche Bildtypologien treffen wir im Lehrbuch Sprachkurs Deutsch 2? Um diese Fragen geht es nun im Folgenden.

4.3.1 Bildgeschichten

Im Lehrbuch ist eine hohe Anzahl von Bildgeschichten vorzufinden. Zumeist handelt es sich um Fotos von Menschen, von Orten oder Gegenständen, die beschrieben und kommentiert werden und zu denen Geschichten erzählt sind. Dabei stehen die Bilder untereinander nicht unbedingt immer im Zusammenhang zueinander, werden aber in der Geschichte als zusammengehörig dargestellt. Jedes Bild erzählt dennoch seine eigene Geschichte. Text und Bild werden miteinander kombiniert, dabei besteht auch die Möglichkeit, den Text auf der Kassette zu hören und währenddessen die Bilder zu betrachten. Der Text begleitet die Bilder, ohne das Hintergrundwissen z. B. über einen Ort, das der Text dem Leser vermittelt, wären die Bilder für den Lerner `äußerlich` zwar immer noch interessant und schön, aber inhaltlich nicht völlig zu verstehen, da die Bilder ohne die im Text genannten Zusammenhänge für den Lerner keinen Sinn ergeben würden. D. h. Text und Bild sind abhängig voneinander, ohne das eine wäre das andere für den Leser nicht immer nachvollziehbar. Ohne den

Text, der eine bestimmte Deutung der Bilder schon vorgibt, würden die Lerner die Bilder ihren Erfahrungen und Einstellungen entsprechend deuten und aufnehmen. Diese individuellen Deutungen, die auch durch die kulturelle Herkunft bedingt sind, sind zwar einerseits wünschenswert, da sie selbstständiges Denken signalisieren, aber andererseits können Bilder auch falsch interpretiert werden, so dass die ursprünglich bezweckte Nachricht in den Bildern verloren geht und durch eine Fehlinterpretation ersetzt wird. Eine dieser zahlreichen Bildgeschichten sehen wir auf der Seite 8. Jeder Lerner, der diese Bilder betrachtet, wird etwas über sie erzählen können. Der eine wird sie vielleicht beschreiben, der andere sie kommentieren.

Jeder Lerner wird sie jedoch anders deuten und ihnen vielleicht andere Bedeutungen und Assoziationen zuweisen, als der Autor des Textes. Den einen Lerner wird das Bild der sich sonnenden Personen vielleicht verletzen, weil damit „kulturelle oder religiöse Tabus gebrochen werden", für den anderen Lerner ist dieses Bild wiederum ein gewöhnliches Bild, worüber er vielleicht nur lachen wird.

4.3.2 Das Bild zur Organisation von Text

Eine andere Möglichkeit, Text und Bild miteinander zu kombinieren, erfolgt durch die Bildfunktion „Zuordnung". Bilder dienen als Veranschaulichung, d. h. als Möglichkeit, einen Textinhalt bildlich darzustellen. Wie in dem Beispiel auf den Seiten 10 und 11 können einzelne Bilder im Hinblick auf das Textverstehen dem entsprechenden Textabschnitt zugeordnet werden. Zumeist handelt es sich in den Lehrbüchern –wie auch hier- um einen Lückentext, denen Bilder zugeordnet werden sollen. Daraus resultiert aber auch schon ein Problem: Durch den Lückentext bzw. die Anforderung an den Lerner, diesen mit Begriffen zu `füllen`, ist der Lerner zumeist auch mit dieser Aufgabe beschäftigt. D. h. seine Aufmerksamkeit wird auf diese Weise weder auf den Textinhalt, noch auf den Bildinhalt gelenkt, ganz im Gegenteil, somit gehen der Text-, und der Bildinhalt sozusagen verloren.

Die Aufgabe des Lerners besteht darin, in diese Lücken bestimmte Begriffe einzusetzen. Da in jedem Kapitel auch Grammatik behandelt wird, bezieht sich jeder Lückentext immer nur auf einen grammatischen Schwerpunkt z. B. Präpositionen oder bestimmte Verben wie „stehen, sitzen oder liegen."[13] Diese sollen die Lerner in die Lücken ergänzen. Mit den Fotos wird einerseits das Textverstehen unterstützt oder aber auch kontrolliert, andererseits werden landeskundliche Themen, Historisches oder Gegenwärtiges in Deutschland und der Welt angesprochen und dem Lerner anhand der Bilder mitgeteilt. D. h. dem Lerner werden mit Hilfe dieser Text- Bild- Kombination, neben der Sprache (Grammatik, Syntax) auch Informationen, d. h. Wissen vermittelt. Auf den

---

[13] Ulrich Häussermann u. a.: Sprachkurs Deutsch 2. 2. Aufl. Frankfurt/ Main. Diesterweg: 1991. S. 10.

Seiten 10 und 11 kann der Lerner beispielsweise die Stadt Hamburg kennen lernen und die schönen Bilder genießen.

4.3.3 Das Bild zur Visualisierung von sprachlichen Strukturen

Bilder oder Zeichnungen können auch als Visualisierung von syntaktischen oder grammatischen Strukturen verwendet werden. An dem Beispiel auf der Seite 14 sollen reflexive Verben, hier ist es das Verb „sich kratzen" dem Lerner visuell erklärt werden. Reflexive Verben beziehen sich auf das Subjekt des Satzes, d. h. in einem Satz mit reflexivem Verb „kratzt oder schminkt sich das Subjekt selbst." Die Handlung wird also am Subjekt selbst ausgetragen.

Auf der Seite 14 sind zwei Zeichnungen abgebildet. Einerseits wird der Satz „Die Katze kratzt mich" visualisiert und andererseits der Satz „Die Katze kratzt sich."[14] Die beiden Zeichnungen sollen den Unterschied zwischen beiden Sätzen verdeutlichen. Sowohl die Zeichnungen, als auch die Sätze sind ohne Mühe zu verstehen. Es ist aber nicht (deutlich) hervorgehoben worden, welcher Satz und welche Handlung das reflexive Verb enthalten. Es ist nur im unteren Bereich der Seite eine kleine Tabelle angegeben, in der das reflexive Verb „sich schminken" in der Präsens- Form konjugiert ist. Das reflexive Verb wird lediglich nur an einer Zeichnung erklärt. Eine Zeichnung allein reicht jedoch nicht aus, v. a. dann nicht, wenn es so viele verschiedene reflexive Verben im Deutschen gibt, deren Bedeutungen den Lernern nicht immer bekannt sein werden. Welche Verben gehören denn aber zu den reflexiven Verben? Was ist z. B. mit den Verben `sich fragen, sich ausdenken, sich vorstellen` usw., handelt es sich hier um reflexive Verben, oder nicht? Wird sich der Lerner diese Fragen nicht stellen? Zunächst müsste die Frage geklärt werden, was denn reflexive Verben sind? Der Begriff „reflexive Verben" taucht nur auf dieser Seite auf, reflexive Verben sind ansonsten nirgendwo im Buch erklärt. Es ist auch keine Tabelle zu finden, in der einige reflexive Verben angegeben sind.

Das reflexive Verb wird anhand der Zeichnungen erklärt. Dagegen wird die Aussage „Das Verb dirigiert den Satz"[15] anhand eines Diagramms verdeutlicht. Versteht der Lerner aber diesen Satz und diese Zeichnung? Auch diese Zeichnung reicht nicht aus, um die Aussage verständlich zu machen. Auch hier fehlen Beispiele.

4.3.4 Das Bild als Textdekoration

Fotos und Bilder werden in den Lehrbüchern auch als Textdekoration eingesetzt. Dabei sind Bildinhalt und Textinhalt nicht immer (völlig) identisch. Einige Bildinhalte werden im Text nicht aufgegriffen, sondern dienen nur als `Ausschmückung.` Dagegen werden andere Bildinhalte im

---

[14] Ebd. S. 14.
[15] Ebd.

Text direkt angesprochen und visualisiert. Zumeist werden nur einige Textabschnitte bildlich dargestellt, da diese vermutlich „erhebliche Anforderungen an das Vorstellungsvermögen des Lerners stellen."[16] Illustrationen, die nur als Textdekoration Verwendung haben, sind nach Dietrich Sturm „keine Seltenheit",[17] das zeigt auch dieses Lehrbuch. Allerdings ist es in einigen Fällen schwer zu sagen, ob das Bild nur als Dekoration dient oder als Semantisierung verstanden werden soll bzw. kann.

Die beiden Fotos auf der Seite 20 stellen zwar auf eine ironische Weise einen thematischen Bezug zum Schwerpunkt „Geld, Bank und Bankgeschäfte"[18] dar, sie sind jedoch nur zwei Ausschnitte aus Fernsehfilmen und tragen eigentlich nicht unbedingt zum Verstehen der im Lesetext behandelten Sachverhalte bei. Das erste Bild zeigt, wie zwei Männer um Geld spielen und Geld gewinnen oder verlieren, während das zweite Bild einen Schalter in einer Bank darstellen soll, an dem die dort anstehenden Personen vermutlich einen Kredit aufnehmen möchten. Das Schild mit der Inschrift „Kredite" weist jedenfalls auf diesen Aspekt hin. Helfen denn aber diese Bilder den Lernern, die im Text erwähnten Sachverhalte zu verstehen oder hätten sie genauso gut auch weggelassen werden können? Zum ersten Bild kann sich der Lerner vielleicht denken, das gewonnene Geld auf die Bank zu bringen und es auf diese Weise zu sparen. Je mehr er davon auf der Bank hat, desto mehr Sparzinsen erhält derjenige dann. Ein Zusammenhang des Textes zum zweiten Bild wird lediglich durch den Begriff `Kredit` hergestellt. Der Lerner wird sich vermutlich fragen, was sie vorhaben und wo sie sich überhaupt befinden und warum diese Personen am Schalter stehen. Die Antwort auf ihre letzte Frage ergibt sich aus dem Text, vorausgesetzt sie verstehen den Text. D. h. hier dient das Bild nicht nur als Textdekoration, sondern auch als Semantisierung des Textinhaltes.

4.3.5 Das Bild als Impuls zur Texterstellung

Oft sollen Bilder oder Zeichnungen als Anregung für die Erstellung eines Textes z. B. einerseits von Geschichten, Dialogen usw. und andererseits von Bildbeschreibungen verwendet werden. Es gibt zwei Möglichkeiten, das Bild als Impuls zu nutzen:

1. „Die Textproduktion kann vom Bild ausgehen."[19] D. h. zu einem oder mehreren Bildern wird ein Text produziert. Dies kann ein Dialog, ein Interview, oder eine Geschichte sein. Auf der Seite 141 liegt ein solches Beispiel vor. Dieses Bild zeigt einen so genannten „Schüttelkasten,"[20] in dem unterschiedliche Gegenstände abgebildet sind. Dazu gehören eine Armbanduhr, eine Pistole, eine Flasche, ein Halbmond, Handschellen usw. Anhand dieser Gegenstände sollen die Lerner in kleinen

---

[16] Ebd. S. 27.
[17] Dietrich Sturm: Das Bild im Unterricht. S. 9.
[18] Ebd.
[19] Dietrich Sturm: Das Bild im Unterricht. S. 8.
[20] Ulrich Häussermann u. a.: Sprachkurs Deutsch. S. 141.

Gruppen einen Krimi produzieren. Dies kann ein Rollenspiel, oder aber eine Erzählung sein, vorausgesetzt die Lerner kennen die Bezeichnung für diese Gegenstände. Es wäre in diesem Fall vielleicht angemessener, wenn zu den Gegenständen die Namen stehen würden, denn es kann nicht vorausgesetzt werden, dass die Lerner jeden abgebildeten Gegenstand benennen können. Die 2. Möglichkeit ist die Textproduktion, die das Bild selbst zum Gegenstand hat. Ein solches Beispiel können wir auf der Seite 75 sehen. Die Seite zeigt vier farbige Bilder aus der Privatsphäre einer jungen Frau, über die der Lerner keine Informationen erhält. Die Aufgabe des Lerners besteht darin, die Bilder genau zu beschreiben. Zu den Bildern sind weder Hilfswörter wie Verben oder die Namen der Gegenstände angegeben, noch sind es Bilder, die für einen Menschen nicht- deutscher Herkunft mühelos zu beschreiben sind. Ohne die fehlenden Begriffe ist es umso schwieriger. Der Lerner hat die Möglichkeiten, die Bilder entweder mündlich oder schriftlich zu beschreiben. Doch leichter wird die Aufgabe dadurch nicht unbedingt, vorausgesetzt die Lerner dürfen in Gruppen arbeiten oder die Lehrkraft nach den Namen der Gegenstände und nach passenden Begriffen fragen.

4.3.6 Das Bild zur Verdeutlichung von Lernverfahren

In Lehrbüchern, wie auch in diesem, ist es üblich, den Lerner „durch sich wiederholende Signalzeichnungen und Symbole Orientierungshilfen zu geben."[21] Dem Lerner wird mit diesen Symbolen verdeutlicht, welche Medien oder Übungsformen einzusetzen sind, oder welchen Arbeitsauftrag der Lerner zu erfüllen hat. In diesem Lehrbuch begegnen wir nur einem graphischen Signal, das folgendermaßen aussieht: O O

Dieses Symbol steht für das Hören des Textes auf der Kassette. Die Autoren verzichten auf weitere Symbole. Weitere Übungsformen oder Arbeitsaufträge werden dem Lerner in Worten vermittelt, die er sich –wie auch dieses Symbol- nach einiger Zeit ebenfalls einprägen kann und muss. Es ist für den Lernprozess des Lerners besser, wenn ihm die Arbeitsaufträge in Worten vermittelt werden. Da diese Arbeitsaufträge sich wiederholen, kann sich der Lerner diese Begriffe auf diese Weise schneller einprägen. Aus diesem Grund ist es zum Vorteil des Lerners, wenn auf die Symbole verzichtet wird und diese durch Worte ersetzt werden.

5. Schluss

Bilder haben sich für den Menschen zu einem unerlässlichen Medium entwickelt. Nicht nur in der Schule, sondern auch in den unterschiedlichsten Lebensbereichen des Menschen, spielt die Bildersprache eine besondere Rolle. Der Mensch kommuniziert durch Bilder und versteht durch Bilder. Er ist umgeben von Bildern und kann sich eine Welt ohne Bilder im Grunde nicht vorstellen.

---

[21] Dietrich Sturm: Das Bild im Unterricht. S. 8.

Genau Letzteres ist das Besondere, das den Bildern innewohnt. Bilder geben dem Menschen eine Möglichkeit, Unvorstellbares und Abstraktes sich vorzustellen. Gegenstände, die in Worten nicht ausgesprochen und erklärt werden können, bekommen in Bildern eine Bedeutung. Aus diesem Grund sind Bilder eine wichtige Verstehensstütze für den Menschen. Nicht nur im Alltag, sondern auch in der Schule, so in den Lehrbüchern, insbesondere aber in fremdsprachlichen Lehrbüchern unterstützen Visualisierungen von Textinhalten den Lernprozess, da sie dem Lerner sowohl in kognitiver, als auch z. B. in emotionaler Ebene eine bildliche Vorstellung geben und ihn ansprechen, denn die Bildersprache wird von jedem Menschen auf der Welt beherrscht. Bilder bedürfen keiner speziellen Sprache. Bilder, die nur als Textdekoration dienen, müssen diese Fähigkeiten des Darstellens und Vorstellens jedoch nicht unbedingt aufweisen. Das Lehrbuch Sprachkurs Deutsch ist reich an Bildern. Das ist auch gut so. Lehrbücher ohne Visualisierungen sollte es nicht geben, zumindest gilt dies für Lehrbücher. Ein Lehrbuch ohne Visualisierungen ist zu trocken und langweilig. Der Lerner wird mit Text überfallen und demotiviert. Ein Lerner muss jedoch motiviert und für das Lerner gewonnen werden. In solchen Lehrbücher müsste der Lerner dagegen einerseits auf eine Verstehensstütze, die ja die Bilder sind und andererseits auf eine schöne und ansprechende bildliche Darstellung verzichten. Bilder bieten so viele Möglichkeiten, sie im Unterricht einzusetzen, z. B. als Anregung zur Texterstellung. Diese Möglichkeiten sollten genutzt werden, denn auch Sprachen bzw. das Sprechen können mit Bildern erlernt werden. Bilder sind für den Lernprozess ebenso bedeutsam wie der Text.

6. Literaturverzeichnis

- Häussermann, Ulrich: Nachdenken über Bilder. Gedanken eines Lehrbuchautors. In: Fremdsprache Deutsch 5/!991.

- Häussermann, Ulrich u. a.: Sprachkurs Deutsch 2. 2. Aufl. Frankfurt/ Main. Diesterweg: 1991.

- Sturm, Dietrich: Das Bild im Unterricht. In: Fremdsprache Deutsch 5/1991.